Es tanzt der Bär - Das Liederbuch

20 Singhits und Mitmachlieder für alle Gelegenheiten

Das Liederbuch mit allen Texten, Noten und Gitarrengriffen zum Mitsingen und Mitspielen

Neue Kinderlieder mit Stephen Janetzko

… mehr Info, mehr CDs, mehr Lieder & Noten:
www.kinderliederhits.de

Stephen Janetzko
(Autor, Liedermacher und Verleger)

Mit einer 20-minütigen MC „Der Seebär" fing alles an, heute sind es weit über 600 Kinderlieder, die der gebürtige Hagener Liedermacher bereits auf über 50 CDs und in zahllosen Liedsammlungen veröffentlicht hat. Viele davon, wie „Hallo und guten Morgen", „Wir wollen uns begrüßen", „Augen Ohren Nase", „Das Lied von der Raupe Nimmersatt", „Hand in Hand" oder „In meiner Bi-Ba-Badewanne", werden heute gesungen in Kindergärten, Schulen und überall, wo Kinder sind.

Copyright © 2016 Verlag Stephen Janetzko, Erlangen
www.kinderliederhits.de
Alle Lieder verlegt bei Edition SEEBÄR- Musik Stephen Janetzko, Erlangen
*Online-Shop im Internet unter **www.kinderlieder-shop.de***
Covergrafik: Stephen Janetzko (CD-Cover: Frohmut Ritter)
Notensatz, grafische Vorbereitung und Idee: Stephen Janetzko
All rights reserved.

ISBN-10: 395722246X

ISBN-13: 978-3-95722-246-6

Alle Rechte vorbehalten.

Dieses Werk ist urheberrechtlich geschützt. Jegliche Vervielfältigung und Verwertung ist nur mit Zustimmung der Autoren bzw. des Verlags zulässig. Das gilt insbesondere für Übersetzungen, die Einspeicherung und Verarbeitung in elektronischen Systemen sowie für das öffentliche Zugänglichmachen wie zum Beispiel über das Internet.
Ein Nachdruck oder eine Weiterverwertung ist nur mit schriftlicher Genehmigung des Verlags möglich.

© Verlag Stephen Janetzko, **www.kinderliederhits.de**

Inhaltsverzeichnis

Lied:	Seitenzahl:
Guten Morgen, liebe Leute	4
Der Sommer kommt	5
UFO ohne Klo (Kulumbubu)	6
Auf und nieder	7
Es tanzt der Bär	8
Mittagessen-Lied	10
Halli, halli-hallo	11
Der Seebär	12
Ich bin müde	13
Flie flei floh (Das Pijoppenpoppen-Lied)	14
Das Duschlied	15
Ich steh hier im Regen	16
Es war einmal ein Stachelschwein *(Music Music Music)*	17
Gute Laune (4-stimmiger Kanon) *in 2 Tonarten*	18
Nimm mich doch mit auf die Reise	19
ABC-Lied	20
Herbstwind, Herbstwind weht bestimmt	21
Laterne (Laterne, Laterne, komm leuchte für mich)	22
Gute Nacht, ihr lieben Leute	23

Die CD zum Buch:

CD Es tanzt der Bär

- 20 Singhits und Mitmachlieder für alle Gelegenheiten

Best.-Nr. 91033-23, EAN 4032289004109
ISBN 978-3-932455-96-4

Guten Morgen, liebe Leute

Text und Musik: Stephen Janetzko; CD "Es tanzt der Bär"
© Edition SEEBÄR-Musik Stephen Janetzko, www.kinderliederhits.de

Tempo: ca. 132

1. Guten Morgen, liebe Leute. Wachet auf, jetzt, hier und heute.
   Wer weiß, was kommen mag: Willkommen sei der Tag.

2. Guten Morgen, liebe Leute. Gestern ist vergessen heute.
   Die Sonne ruft: Hurra, ein neuer Tag ist da!

Hinweis:
Dieses Lied gibt es in einer Morgen- und einer Abendvariante.
Es ist auch als 4/4 singbar und so in der Morgenfassung auf der CD
"Es tanzt der Bär" enthalten.
Beschwinger jedoch ist es im 3/4-Takt wie hier notiert.

Der Sommer kommt!

Text und Musik: Stephen Janetzko; CD "Bi-Ba-Badewannen-Hits - 20 Kinderlieder mit Gitarre"
© Edition SEEBÄR-Musik Stephen Janetzko, www.kinderliederhits.de
Tempo: ca. 180

1. Wenn ich aus dem Fenster schau, es ist kaum zu glauben.
Blauer Himmel überall, reib ich mir die Augen.
Und die Sonne meint es gut, hey, die lacht mich an.
Was ich wohl von diesem Tag noch erwarten kann?

Refrain: Der Sommer kommt, (der Sommer kommt,) kommt raus aus seiner Gruft.
Ja, der Sommer kommt, (der Sommer kommt!) Ich spring vor Freude dreimal in die Luft! (1, 2, 3!)

2. Wenn ich jetzt nach draußen geh, ja, dann ist es knackig heiß.
An der Bude steh ich an für ein dickes Erdbeereis.
Und ich leg mich auf die Wiese direkt neben dich.
Hier sind wir noch ganz allein, keiner stört uns nich´!

Zwischenspiel: Lange haben wir gewartet, endlich ist er da!
Hoffentlich auch länger noch als im letzten Jahr!

3. Schlechtes Wetter, das kann uns jetzt gestohlen bleiben.
Endlich kann ich dir auch mal unser Freibad zeigen.
Ach, ist das nicht wunderbar, Sonne auf der Haut.
Lass uns heut`ne Party feiern, ganz spontan und laut!

Spielanregung: Die in Klammern stehenden Wiederholungen von
"Der Sommer kommt" grölen alle ganz laut, dazu strecken wir schnell
unsere Fäuste jubelnd in den Himmel. Am Ende des Refrains 3x in die
Luft springen. Zum Rest des Lieds können wir mitsingen und uns
einfach frei bewegen, tanzen o.ä.

Kulumbubu (UFO ohne Klo)

Text: Thomas Pletzinger (11 Jahre); Musik: Stephen Janetzko; CD "Seeräuber Wackelzahn"
Tempo: ca. 135   © Edition SEEBÄR-Musik Stephen Janetzko, www.kinderliederhits.de

1. Er kam von fern, von einem andern Stern. Mit seinem Ufo, U-F-O, ohne Klo. Er landete hier zwischen dir und mir. Mit seinem Ufo, U-F-O, ohne Klo.

Refrain: Kulumbubu, so heißt du, du bist klein und grün, kannst durch fünf Augen sehn. Du kommst vom Mars, ex pene saas, mit deiner Untertass' aus Glas.

2. Ja, sie war klasse, seine Tasse,
   sein rotes Ufo, U-F-O, ohne Klo.
   40 Zentimeter groß, sitzt er auf meinem Schoß.
   Du hältst das Ufo, U-F-O, ohne Klo.

Refrain: Kulumbubu, so heißt du ...

3. Er sagt: "Klaapedeen, ich-muß-jetzt-gehn!",
   steigt in sein Ufo, U-F-O, ohne Klo.
   So flog er fort, von diesem Ort,
   mit seinem Ufo, U-F-O, ohne Klo.

Refrain: Kulumbubu, so heißt du ...

Auf und nieder

Text und Musik: Stephen Janetzko; CD "Polonäse"
© Edition SEEBÄR-Musik Stephen Janetzko, www.kinderliederhits.de

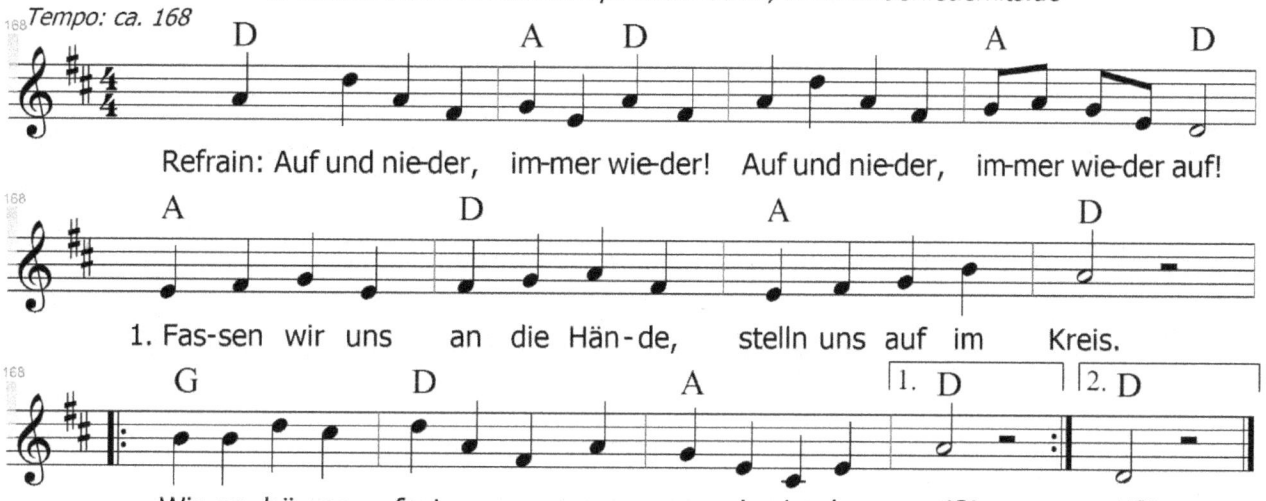

Refrain: Auf und nie-der, im-mer wie-der! Auf und nie-der, im-mer wie-der auf!

1. Fas-sen wir uns an die Hän-de, stelln uns auf im Kreis.
Wir ge-hö-ren fest zu-sam-men, was ein je-der weiß! weiß!

Refrain: Auf und nieder...

2. Arme in den Himmel strecken und nach oben schaun.
   Heute ist ein schöner Tag, darauf kannst du vertraun. (2x)
Refrain: Auf und nieder...

3. Und wir laufen durcheinander kreuz und quer im Raum.
   Finden wieder unser`n Platz und stehn fest wie ein Baum. (2x)
Refrain: Auf und nieder...

4. Wenn wir uns im Kreise drehen, alle auf der Stell´,
   jeder findet seinen Rhythmus, langsam oder schnell. (2x)
Refrain: Auf und nieder...

5. Wenn wir springen, wenn wir springen hoch und höher dann
   können wir zu fliegen lernen, denn so fängt das an. (2x)
Refrain: Auf und nieder...

6. Stampfen, stampfen auf dem Boden, klatschen in die Hand.
   Und mit guter Laune geht es durch das ganze Land. (2x)
Refrain: Auf und nieder...

7. Laufen wir auf allen Vieren, jeder, wie er kann.
   Krabbeln, singen, und das Lied, das fängt von vorne an. (2x)
Refrain: Auf und nieder...

8. Fassen wir uns an die Hände, stell`n uns auf im Kreis.
   Wir gehören fest zusammen, das ist der Beweis! (2x)
Refrain: Auf und nieder...

Spielanleitung:
Die vorgegebenen Bewegungen werden von allen mitgemacht. Das Lied eignet sich hervorragend als Muntermacher.
Evtl. kann der Refrain auch weggelassen werden oder nur nach jeder 2. Strophe gesungen werden.
Und natürlich könnt ihr je nach Belieben die Strophen zusammenstellen, z.B. auch nur (jeden Morgen) eine oder ein paar singen oder auch ein paar neue erfinden.

Es tanzt der Bär

Text: Birgit Meyer; Musik: Stephen Janetzko; CD "Früchte Früchte Früchte"
© Edition SEEBÄR-Musik Stephen Janetzko, www.kinderliederhits.de

Tempo: ca. 174

1. Es tanzt im dunklen Wald, bum-bum, ein zotteliges Tier herum, bum-bum.
Es ist ganz braun, sein Fell ist flauschig weich.
Und wer gut hinsieht, der erkennt es gleich.
Es schleckt gern Honig Tag für Tag, was das wohl für ein Tier sein mag?

Refrain: Es tanzt der Bär (* * * *), es tanzt der Bär (* * * *). Ihn nachzuahmen, fällt nicht schwer (* * * *). Ich tanze immer (* * * *), immer mehr (* * * *). Ich glaub fast selbst (* * * *), ich bin ein Bär (* * * *).

2. Es schleicht im dunklen Wald, bum-bum, ein wirklich schlaues Tier herum, bum-bum.
Es ist rotbraun, sein Fell ist samtig weich. Und wer gut hinsieht, der erkennt es gleich.
Wer jagd sehr gern in Bauers Stall die Hühner und die Häschen all?

Refrain: Es schleicht der Fuchs am Gartentor. Wir schleichen hinterher - er vor.
Ich schleiche immer, immer mehr. Ich schleich dem Bären hinterher.

3. Es fliegt im dunklen Wald, bum-bum, ein grauseliges Tier herum, bum-bum.
Es hat zwar Flügel, und es ist sehr schnell. Doch statt der Federn, da hat es ein Fell.
Es jagd bei Nacht, wenn man es läßt, kopfüber hängt es im Geäst.

Refrain: Es fliegt die Fledermaus umher. Bei Nacht - da seh ich gar nichts mehr.
Ich fliege also immer mehr dem Fuchs, dem Bären hinterher.

Es tanzt der Bär
(textlich-melodische Refrainvariante für leichteres Mitmachen)

Original-Text: Birgit Meyer; Text - Bearbeitung und Variation: Stephen Janetzko;
Musik: Stephen Janetzko; © Edition SEEBÄR-Musik, www.kinderlieder-und-mehr.de

Refrain: Es tanzt der Bär (* * * *), es tanzt der Bär (* * * *). Tanzt alle mit (* * * *), das ist nicht schwer (* * * *). Ich tanze jetzt (* * * *), ich tanze mehr (* * * *). Ich glaub fast selbst (* * * *), ich bin ein Bär (* * * *).

FUCHS-Ref.: Es schleicht der Fuchs am Gartentor, schleicht alle mit, der Fuchs schleicht vor
Ich schleiche jetzt, ich schleiche mehr. Ich schleich dem Bär jetzt hinterher.

FLEDERMAUS-Ref.: Die Fledermaus fliegt um das Haus, fliegt alle mit, sie kennt sich aus
Ich fliege jetzt, ich fliege mehr. Dem Fuchs, dem Bär, jetzt hinterher.

Spielanregung: Im Refrain mit dem Bären 4x (****) in die Hände klatschen, mit dem Fuchs 4x die Hände aneinander reiben und "sch-sch-sch-sch" flüstern, und mit der Fledermaus 4x mit den Fingern Eure Ohrläppchen von hinten nach vorne flappen und dazu mit hoher Stimme "wi-wi-wi-wi" rufen. Zusätzlich könnt Ihr mit dem Bären wild tanzen, mit dem Fuchs schleichen und mit der Fledermaus fliegen. Die Bären tanzen in einer Art Tier-Polonäse vorneweg, die Füchse schleichen hinterher, zuletzt fliegen die Fledermäuse usw.

Birgit Meyer/Stephen Janetzko: 3 weitere neue Strophen für „Es tanzt der Bär":

4. Es springt im dunklen Wald bum bum
Ein schwarz-rot-braunes Tier herum - (bum bum)
Sein Schwanz ist buschig, es ist federleicht
Und wer gut hinsieht, der erkennt es gleich
Es sorgt mit vielen Nüssen vor
trägt kleine Pinsel auf dem Ohr

Refrain: Das **Eichhorn** springt von Ast zu Ast
Springt alle mit, ganz ohne Hast
Ich springe jetzt, ja, kreuz und quer
als ob auch ich ein Eichhorn wär.

Dabei hüpfen wir - abwechselnd - im Kreis mal rechts mal links herum

5. Es klopft im dunklen Wald bum bum
Ein flatterhaftes Tier herum – (bum bum)
Es baut sich eine Höhle tief im Baum
Man hört es klopfen, doch man sieht es kaum
Sein Schnabel, der ist spitz und lang
Sein Hämmern hört man tagelang

Refrain: Der **Buntspecht** hackt und hämmert laut
Klopft alle mit, wenn ihr euch traut
Ich klopfe jetzt mit ihm im Takt
Will hämmern wie der Specht dort hackt.

Dabei klopfen wir auf einen Tisch oder eine Bank, oder wir klatschen einfach in die Hände

Es huscht im dunklen Wald bum bum
Ein stacheliges Tier herum – (bum bum)
Die Stacheln sind sehr spitz und gar nicht weich
Und wer gut hinsieht, der erkennt es gleich
Frisst Obst und Würmer - sonderbar -
rollt sich zur Kugel bei Gefahr.....

Refrain: Der **Igel** piekt ganz fürchterlich
und piekst du mich, dann pieks ich dich
Ich pieke jetzt, setz mich zur Wehr
als ob ich selbst ein Igel wär

Dabei den Zeigefinger spitzen und „pieksen" uns mit dem gespitzten Finger leicht in die Rippen / kitzeln

Mittagessen-Lied

Text und Musik: Stephen Janetzko; CD "Es tanzt der Bär"
© Edition SEEBÄR-Musik Stephen Janetzko, www.kinderliederhits.de

Schu-bi-du-bi-du, das Essen steht bereit.
Die Töpfe stehen auf dem Tisch, und alle sind soweit.
Wir nehmen uns`re Nachbarn an die Hand und singen mit:
Guten, guten, guten Appetit!

Singanregung:
Kann wie auf der CD "Es tanzt der Bär" mit Vorsänger
und Wiederholungen aller gesungen werden.
Natürlich geht's auch zum Frühstück oder zu anderen
Mahlzeiten oder in anderen Varianten:

Schu-bi-du-bi-du, das Essen (oder das Frühstück oder die
Vesper oder der Kaffee) steht bereit /
Die Teller (oder Brötchen oder Früchte oder Tassen)
stehen auf dem Tisch, und alle sind soweit /
Wir nehmen uns`re Nachbarn an die Hand und singen mit /
Guten, guten, guten Appetit! ...

Halli, halli-hallo

Text und Musik: Stephen Janetzko; CD "Es tanzt der Bär"
© Edition SEEBÄR-Musik Stephen Janetzko, www.kinderliederhits.de

Refrain: Halli, halli-hallo, ich bin heut' so tierisch froh.
Halli, halli-hallo, fühl' mich heute so oho.
Halli, halli-hallo, glücklich bin ich sowieso.
Halli, halli-hallo, ach, ich freu' mich so.

2. Wer ist dieser kleine Wicht? - Ach, im Spiegel mein Gesicht!
Das sieht ja echt komisch aus, ich guck wie die Micky Maus!
Wenn ich durch die Straßen geh und die ganzen Leute seh -
ich bin heut' so gut gelaunt, alle sind erstaunt!
Refrain.

3. Es gibt Aufruhr in der Stadt, ich fahr ohne Lenker Rad!
Die Erwachs'nen krieg'n 'nen Schreck, und sie springen alle weg!
Wollt ihr meine Meinung hör'n? Heute würde ich es schwör'n,
dass mir diese ganze Welt riesig gut gefällt.
Refrain.

4. Mensch, was ist das heute heiß, ich spendier mir gleich ein Eis.
Zähl mein Geld, ich möchte mehr, Eismann, gib mir noch eins her!
Schau ich in den Himmel rein, sehe ich nur Sonnenschein.
Heute geb ich richtig Gas - ich will meinen Spaß!
Refrain.

Der Seebär

Text und Musik: Stephen Janetzko; CD "Bi-Ba-Badewannen-Hits - 20 Kinderlieder mit Gitarre"
© Edition SEEBÄR-Musik Stephen Janetzko, www.kinderliederhits.de
Tempo: ca. 180

1. Bei jedem Wetter fahr ich auf die See, he-ja-o.
   Gibt es auch Regen und gibt es auch Schnee, he-ja-o.
   Nichts kann mich halten, oh ja, ich muss raus, he-ja-o.
   Doch ich komm wieder, doch ich komm wieder, doch ich komm wieder nach Haus.

   Refrain: Ich bin der Seebär, fahre auf's Meer.
   Habe noch Platz für dich, mein Schatz.
   Kommst du, kommst du mit mir. Dann bin ich lieb zu dir.

2. Ich lieb die Wellen, das wogende Meer, he-ja-o.
   Abschied zu nehmen, das fällt mir nicht schwer, he-ja-o.
   Ich fahr solange, wie`s mir gerad´ gefällt, he-ja-o.
   Segelst du mit mir, segelst du mit mir,
   Segelst du mit um die Welt.

   Refrain: Ich bin der Seebär...

3. Fahr ich auf hoher See mit dir allein, he-ja-o.
   Halt dich gut fest, denn mein Schiff ist sehr klein, he-ja-o.
   Doch pfeift der Wind mir so recht in mein Ohr, he-ja-o.
   Dann sing ich dir was, dann sing ich dir was,
   Dann sing ich dir etwas vor.

   Refrain: Ich bin der Seebär...

Ich bin müde

Text und Musik: Stephen Janetzko; CD "Sommer"
© Edition SEEBÄR-Musik Stephen Janetzko, www.kinderliederhits.de

Refrain: Ich bin müde, furchtbar müde, und ich will jetzt sofort in mein Bett. Ich bin müde, schrecklich müde, unter einer Decke fänd ich es jetzt nett.

1. Eins ist klar: Es wird nie mehr, wie's heute war.
Doch gewiss, dass es auch morgen schön noch ist.

Refrain: Ich bin müde...

2. So viel Zeit ist heut verstrichen, weit und breit.
Nur noch Ruh, und mir fall'n beide Augen zu.

Refrain: Ich bin müde...

Spielanregung:
Zum Ende wiederholen wir den Refrain mehrmals und werden beim Singen immer leiser, so dass wir zum Schluss nur noch flüsternd singen.
Bei "mü...de" können wir immer kräftig gähnen...

Flie flei floh (Das Pijoppenpoppen-Lied)

Text und Musik: Stephen Janetzko; CD "Es tanzt der Bär"
© Edition SEEBÄR-Musik Stephen Janetzko, www.kinderliederhits.de

Tempo: ca. 134

Spielanregung:
Dieses Lied ist ein Singspiel für alle Gelegenheiten.
Eine/r aus der Gruppe ist der Vorsänger, alle anderen
singen die Wiederholungen.
Dazu klatschen alle den Takt, indem ihr euch abwechselnd
auf die Oberschenkel schlagt und in die Hände klatscht!

Ich steh hier im Regen

Text und Musik: Stephen Janetzko; CD "Bi-Ba-Badewannen-Hits - 20 Kinderlieder mit Gitarre"
© Edition SEEBÄR-Musik Stephen Janetzko, www.kinderliederhits.de

Refrain: Ich steh hier im Regen und wart auf dich.
Ich steh hier im Regen und wart auf dich.
Ich steh hier im Regen und wart auf dich.

1. Und das ist mir gar nicht recht, denn das Wetter ist so schlecht.
Sonne, komm doch wieder her, denn das Warten fällt mir schwer.

Refrain:
Ich steh hier im Regen und wart auf dich,
ich steh hier im Regen und wart auf dich.
Ich steh hier im Regen und wart auf dich,
ich steh hier im Regen und wart auf dich.

2. wie 1. Und das ist mir gar nicht recht,
denn das Wetter ist so schlecht.
Sonne, komm doch wieder her,
denn das Warten fällt mir schwer.

Es war einmal ein Stachelschwein
(Music, Music, Music)

Originaltext & Musik: Stephan Weiss, Bernie Baum; Deutscher Spezialtext & Bearbeitung: Stephen Janetzko;
CD "Es tanzt der Bär" - Verlags-© Essex Musikvertrieb GmbH, Hamburg; Info: www.kinderliederhits.de

1. Es war einmal ein Stachelschwein, das ging im Walde ganz allein, nur um unterwegs zu sein - im Walde, im Walde.

2. Da kam ein Stachelschweinerich und sagte: "Hmm, ich liebe dich. Drum lass uns zwei alleine sein - im Walde, im Walde".

Refrain: "Schweinchen, ach liebes Schweinchen. Du bist die allerschönste Sau der Welt. Die Sau, die mir so gut gefällt."

3. Das Stachelschwein errötete, als er die Worte flötete,
und fühlte sich geschmeichelt dort - im Walde, im Walde.

4. "Die Stacheln", sagt der Schweinerich, "die find ich so verführerisch.
Mein Herz, das schenk ich dir allein - im Walde, im Walde"

Refrain: "Schweinchen, ach liebes Schweinchen..."

5. Da war dem Schweinchen sofort klar, dass dies die große Liebe war,
und wollt nicht mehr alleine sein - im Walde, im Walde.

6. Das Schweinchen und der Schweinerich, die liebten sich gar ewiglich,
und wenn sie nicht gestorben sind - noch heute, noch heute!

Refrain: "Schweinchen, ach liebes Schweinchen..."

Hinweis: Mit Dank an Essex Musikvertrieb.

Gute Laune (4-stimmiger Kanon)

Text und Musik: Stephen Janetzko; CD "Bi-Ba-Badewannen-Hits - 20 Kinderlieder mit Gitarre"
© Edition SEEBÄR-Musik Stephen Janetzko, www.kinderliederhits.de

Tempo: ca. 134

(1.) Ich will immer guter Laune sein.
(2.) Will mich jeden Tag des Lebens freun.
(3.) Gute Laune, gute Laune, ja, die habe ich.
(4.) Sie lässt mich nicht im Stich.

Hinweis: Als Kanon zu 4 Stimmen, hier in C-Dur.

Gute Laune (4-stimmiger Kanon)

Text und Musik: Stephen Janetzko; CD "Bi-Ba-Badewannen-Hits - 20 Kinderlieder mit Gitarre"
© Edition SEEBÄR-Musik Stephen Janetzko, www.kinderliederhits.de

Tempo: ca. 134

(1.) Ich will immer guter Laune sein.
(2.) Will mich jeden Tag des Lebens freun.
(3.) Gute Laune, gute Laune, ja, die habe ich.
(4.) Sie lässt mich nicht im Stich.

Hinweis:
Als Kanon zu 4 Stimmen, hier in F-Dur.

Nimm mich doch mit auf die Reise

Text: Jürgen Lepszy; Musik: Stephen Janetzko; CD "Es tanzt der Bär"
© Edition SEEBÄR-Musik Stephen Janetzko, www.kinderliederhits.de

Refrain: Nimm mich doch mit auf die Reise...

2. Nimm mich doch mit auf die Reise
in die Länder unserer Welt.
Zeig mir die Plätze dieser Erde,
wo einem jeden das Leben gefällt.

Refrain: Nimm mich doch mit auf die Reise...

3. Nimm mich doch mit auf die Reise:
Ferne Länder, Sehnsucht nach der Welt.
Nimm mich doch mit auf die Reise,
wo einem jeden das Leben gefällt.

Refrain: Nimm mich doch mit auf die Reise...

Herbstwind, Herbstwind

Text und Musik: Stephen Janetzko; CD "Der Herbst ist da - Die 25 schönsten Herbstlieder"
© Edition SEEBÄR-Musik Stephen Janetzko, www.kinderliederhits.de

2. Obst, Gemüse, Wein
ernten wir, wie fein!
Obst, Gemüse, Wein
und Kastanien.

Refrain.

3. Husten, Heiserkeit -
Grippe macht sich breit!
Husten, Heiserkeit -
nein, da beug ich vor!

4. Wenn der Drachen steigt,
kunterbunt sich zeigt;
wenn der Drachen steigt,
will ich draußen sein.

Refrain.

5. Raschelt es im Laub?
Weißt du, was ich glaub!
Raschelt es im Laub?
Bald ist Winterschlaf.

6. wie 1.

Singanregung:
Bei diesem Lied lässt es sich
hervorragend organisieren,
dass ein Vorsänger jeweils
eine Zeile (im Refrain 4 Takte,
in der Strophe 2 Takte) vor-
und alle anderen diese dann
nachsingen.

Laterne
(Laterne, Laterne, komm leuchte für mich)

Text und Musik: Stephen Janetzko; CD "Bi-Ba-Badewannen-Hits - 20 Kinderlieder mit Gitarre"
© Edition SEEBÄR-Musik Stephen Janetzko, www.kinderliederhits.de

2. Du schneidest Gesichter, wirfst Schatten so lang.
   Wir bleiben zusammen, da wird mir nicht bang.

3. Wir ziehn durch die Straßen in der Abendstund.
   Du leuchtest so schön und so hell und so bunt.

4. wie 1. Ich fürcht mich im Dunkeln kein bisschen mit dir.
   Laterne, Laterne, drum bleib hier bei mir.

Gute Nacht, ihr lieben Leute

Text und Musik: Stephen Janetzko; CD "Bi-Ba-Badewannen-Hits - 20 Kinderlieder mit Gitarre"
© Edition SEEBÄR-Musik Stephen Janetzko, www.kinderliederhits.de

1. Gu-te Nacht, ihr lie-ben Leu-te. Schla-fet ein, jetzt, hier und heu-te. Der Tag, der geht zur Ruh: Schließt eu-re Au-gen zu!

2. Gute Nacht, ihr lieben Leute. Morgen kommt ein neues Heute
   Der Tag war wunderschön: Wir wollen schlafen gehn!

Hinweis:
Dieses Lied gibt es in einer Morgen- und einer Abendvariante.

Text der Morgenvariante:

Titel: Guten Morgen, liebe Leute
Text und Musik: Stephen Janetzko

1. Guten Morgen, liebe Leute. Wachet auf, jetzt, hier und heute.
   Wer weiß, was kommen mag: Willkommen sei der Tag.

2. Guten Morgen, liebe Leute. Gestern ist vergessen heute.
   Die Sonne ruft: Hurra, ein neuer Tag ist da!

www.ingramcontent.com/pod-product-compliance
Lightning Source LLC
Chambersburg PA
CBHW081504040426
42446CB00016B/3397